BEI GRIN MACHT SICH I....
WISSEN BEZAHLT

- Wir veröffentlichen Ihre Hausarbeit,
  Bachelor- und Masterarbeit

- Ihr eigenes eBook und Buch -
  weltweit in allen wichtigen Shops

- Verdienen Sie an jedem Verkauf

Jetzt bei www.GRIN.com hochladen
und kostenlos publizieren

Bibliografische Information der Deutschen Nationalbibliothek:

Die Deutsche Bibliothek verzeichnet diese Publikation in der Deutschen National-
bibliografie; detaillierte bibliografische Daten sind im Internet über http://dnb.d-
nb.de/ abrufbar.

Impressum:

Copyright © 2016 GRIN Verlag, Open Publishing GmbH
Druck und Bindung: Books on Demand GmbH, Norderstedt Germany
ISBN: 9783668451698

Dieses Buch bei GRIN:

http://www.grin.com/de/e-book/366431/it-compliance-grundlagen-bedeutung-und-
moeglichkeiten

Fabian Werk

IT-Compliance. Grundlagen, Bedeutung und Möglichkeiten

Insbesondere für Unternehmen aus dem Mittelstand

GRIN Verlag

GRIN - Your knowledge has value

Der GRIN Verlag publiziert seit 1998 wissenschaftliche Arbeiten von Studenten, Hochschullehrern und anderen Akademikern als eBook und gedrucktes Buch. Die Verlagswebsite www.grin.com ist die ideale Plattform zur Veröffentlichung von Hausarbeiten, Abschlussarbeiten, wissenschaftlichen Aufsätzen, Dissertationen und Fachbüchern.

Besuchen Sie uns im Internet:

http://www.grin.com/

http://www.facebook.com/grincom

http://www.twitter.com/grin_com

FOM Hochschule für Oekonomie und Management Essen
Standort Frankfurt am Main

Berufsbegleitender Studiengang zum
Master of Science in IT-Management

1. Semester

Seminararbeit in IT-Architekturen und Sicherheitsmanagement

IT Compliance – Grundlagen, Bedeutung und Möglichkeiten

Autor: Fabian Werk

Abgabedatum: 16.12.2016

Inhaltsverzeichnis

Abbildungsverzeichnis

Abkürzungsverzeichnis

Abkürzung	Erläuterung
Abs.	Absatz
AktG	Aktiengesetz
BDSG	Bundesdatenschutzgesetz
BGBl.	Bundesgesetzblatt
COBIT	Control Objectives for Information and Related Technology
CMMI	Capability Maturity Model Integration
ERP	Enterprise Ressource Planning
GmbHG	Gesetz betreffend die Gesellschaften mit beschränkter Haftung
HGB	Handelsgesetzbuch
IEC	International Electrotechnical Commission
ISO	Internationale Organisation für Normung
IT	Informationstechnik/Information Technology
ITIL	IT Infrastructure Library
OWiG	Gesetz über Ordnungswidrigkeiten
SigG	Signaturgesetz
TMG	Telemediengesetz

1 Einleitung

1.1 Problem

Durch Konkurrenz von Unternehmen aus anderen Ländern, in denen geringere Lohn- und Nebenkosten als in Deutschland herrschen, drängen mehr und mehr Anbieter auf den Markt, die ggf. günstigere Produkte anbieten können. Das führt dazu, dass auch Unternehmen aus dem Mittelstand mit Informationstechnik(folgend: IT)-gestützten Prozessen und Automatisierungen arbeiten müssen um ihre Kosten gering zu halten.[1]

Unternehmen sind mit einer ständig wachsenden Zahl an Vorgaben aus Gesetzen, Verordnungen, Normen, Standards usw. überfordert. Die vielen Regelungen bedeuten auch mögliche Konsequenzen bei nichterfüllen und können daher zu einem Risiko werden.[2] Gerade mit der stetig wachsenden IT steigen auch die Anforderungen von Gesetzgebern, Kunden und der Wirtschaft an die IT. Um diesen Anforderungen gerecht zu werden, müssen Unternehmen entsprechende Vorkehrungen treffen um diese Risiken zu vermeiden.

Die Vermeidung derartiger Risiken durch Sicherstellung der Befolgung von Vorgaben ist Zielsetzung der Corporate Compliance, im IT-Bereich speziell der IT-Compliance. So stellt sich die Frage: Was ist zu tun, um Compliance zu erreichen? Die Antwort muss jedes Unternehmen je nach Größe und IT-Infrastruktur selbst finden.

Große Unternehmen haben bereits Compliance Abteilungen oder Systeme, die sie leicht anpassen können. Doch was ist mit Unternehmen aus dem Mittelstand, die gerade im IT-Bereich ein geringeres Budget aufweisen. Eine gewisse Einstellung von fachkundigem Personal oder Einkauf von Beratern ist teuer. Geeignete Lösungen müssen daher auch für finanziell beschränkte Unternehmen gefunden werden.

1.2 Zielsetzung

Im Rahmen dieser Seminararbeit soll das Thema IT-Compliance in Bezug auf Unternehmen beschrieben werden. Dabei wird die Anwendung im Unternehmen, die

---

[1]Vgl. Schepp, B. (2013).
[2]Vgl. Klotz, M. (2011), S. 2.

Einordnung in die Unternehmensführung sowie die Relevanz für Unternehmen, gleich welcher Größenordnung, beschrieben. Anschließend sollen grobe Handlungsmöglichkeiten, insbesondere für mittelständige Unternehmen für die Umsetzung von IT-Compliance erarbeitet und aus der Literatur analysiert werden.

1.3 Vorgehensweise

Die IT-Compliance als Kernelement dieser Arbeit, wird inhaltlich aufgearbeitet. Grundlegende Punkte der Governance und Compliance werden beschrieben. Im Anschluss werden Risiken und Chancen für Unternehmen herauskristallisiert. Im Anschluss an die thematische Aufarbeitung sollen Möglichkeiten entwickelt oder bestehende Konzepte analysiert werden, um IT-Compliance auch in mittelständigen Unternehmen umzusetzen zu können.

1.4 Themeneingrenzung

Im Bereich der IT-Governance und IT-Compliance ist auch das Risk-Management anzusiedeln.[3] Innerhalb dieser Arbeit wird dieses allerdings außer Acht gelassen und nicht behandelt.

2 Einordnung

Um mit dem Thema Compliance, das als Instrument der Governance dient, besser umgehen zu können wird es in die Corporate Governance eingeordnet. Wie auf der folgenden Abbildung zu sehen gehört zu Governance auch das Risk-Management und die Compliance. Das Ziel der Compliance wird in den Prozessen der Corporate Governance angestrebt.[4]

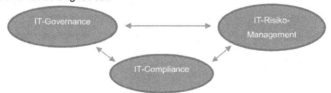

Quelle: Eigene Abbildung nach: Klotz, M. (2009), S. 11.

Abbildung 1: Zusammenspiel GRC.

---

[3]Vgl. Klotz, M. (2014), S.10.
[4]Vgl. Falk, M. (2012), S.1.

2.1 Corporate Governance

Die Corporate Governance steht seit den größeren Skandalen, in Deutschland etwa u.a. der Skandal um die Firma Flowtex, in größerer Diskussion in den Medien und Politik. Ein derart großer Fall der Wirtschaftskriminalität, war bis daher nicht häufig aufgetreten. Ein Umdenken in der Politik hat stattgefunden und man fordert mehr Transparenz. Dabei geht es bei dem Begriff um die ordnungsgemäße Unternehmensführung[5], die nach den Skandalen auch in § 91 Abs. 2 und § 93 Abs. 2 AktG, verankert wurde.

Zusammengefasst beinhaltet sie alle intern sowie extern vorgegebenen Werte, Grundsätze, Verfahren sowie Maßnahmen für eine gute und verantwortungsvolle Unternehmensführung. Dies betrifft sowohl die Geschäftsleitung als auch die Mitarbeiter.[6]

Definiert wird sie als Unternehmensverfassung und bezeichnet einen Ordnungsrahmen für die Leitung und Überwachung eines Unternehmens[7].

Die IT-Governance greift als Teil der Corporate Governance dann ein, wenn sich innerhalb des Bereiches der gesteuert und kontrolliert werden soll, IT oder IT-gestützte Prozesse befinden.[8]

Als Instrument und auch im Zusammenspiel funktioniert die Corporate Governance nur mit einer funktionierenden Corporate Compliance.

2.2 Corporate Compliance

Bei Compliance geht es vor allem um Vorkehrungen, die das rechtskonforme Verhalten eines Unternehmens, seiner Organe sowie seiner Mitarbeiter in Bezug auf das Unternehmen, gewährleisten.[9]

---

[5]Vgl. Klotz, M. (2011), S. 8.
[6]Vgl. Bergmann, R. (2013), S. 613.
[7]Vgl. Hauschka, C. u.a. (2016), S. 5.
[8]Vgl. Falk, M. (2012), S. 37.
[9]Vgl. Wieland, J. u.a. (2014), S. 18, Rn. 7.

Dabei handelt es sich bei der Erreichung von Compliance um einen Zustand, der unter der Beachtung der Erfüllung aller gesetzlicher, aufsichtsrechtlicher, vertraglicher sowie normativer Vorgaben und Anforderungen, aber auch die Einhaltung von Standards und Bestimmungen, als gegeben gilt. Sind IT oder IT-gestützte Prozesse vorhanden, spricht man von IT-Compliance.[10]

Der Zustand der Compliance ist aber mit all den Anforderungen vermutlich nicht erreichbar. Eine Erfüllung aller Bestimmungen, die innerhalb der Compliance angesiedelt werden, wäre zumindest unwirtschaftlich. Daher spricht man von der Compliance zumindest von der Konformität mit allen relevanten Regularien. Das Unternehmen handelt nach der Begrifflichkeit also dann „compliant".

Von Non-Compliance spricht man hingegen, wenn Prozesse oder Abläufe im Unternehmen, den Zustand der Compliance nicht erfüllt. Das Compliance-Management steht für die Einführung und Überwachung von Compliance-Systemen, die die Arbeitsabläufe der Compliance automatisch anpassen und kontrollieren.[11]

2.3 Risikomanagement

Die Kontrolle und auch Ausführung von u.a. der (IT-)Compliance erfordert ein gewisses Risikomanagement. Denn jede Vorgabe oder Vereinbarung bedeutet auch gleichzeitig ein gewisses Risiko, wenn es nicht beachtet, nicht erfüllt oder dagegen verstoßen wird. Da es fast unmöglich ist auf alles dabei einzugehen, arbeitet ein gewisses Management dieser Risiken indirekt oder auch direkt der Compliance zu.[12] Auf diesen Punkt wird aber wie bereits beschrieben nicht weiter eingegangen.

3 IT Compliance

Die IT Compliance speziell leistet einen Beitrag für das Gesamt Compliance im Unternehmen und ist speziell für den IT-Bereich da. Die Verantwortung in diesem Bereich unterliegt trotzdem dem Gesamtunternehmen, daher ist die IT-Compliance der IT-Governance und diese der Gesamt-Governance einzuordnen.[13]

---

[10]Vgl. Rath, M., Sponholz, R. (2014), S. 25f.
[11]Vgl. Klotz, M. (2013), S. 708f.
[12]Vgl. Hauschka, C. u.a. (2016), S. 6.
[13]Vgl. Rath, M., Sponholz, R. (2014), S. 30.

3.1 Bedeutung

Die IT-Compliance wird wie die generelle Compliance definiert, hier ist jedoch der besondere Anwendungsbereich in der IT anzusiedeln. Die IT-Compliance betrachtet die Compliance-Verstöße im Bereich der IT-Infrastruktur, IT-gestützten Prozessen und den IT-Anwendungen. Sie liegt vor, wenn nachweislich alle relevanten, verbindlichen und akzeptierten Vorgaben im IT Bereich eingehalten werden.[14] Dabei können die IT-Dienstleistungen von dem Unternehmen selbst aber auch durch externe IT-Dienstleister erbracht werden.[15]

Gerade in der heutigen Zeit in der immer mehr Prozesse automatisiert oder IT-gestützt ablaufen, ist die IT-Compliance relevanter denn je. Nicht nur die IT selbst muss compliant sein, sondern ein möglichst IT-gestütztes Kontrollsystem muss entwickelt und implementiert werden. Die Inhalte, die in der IT-Compliance behandelt und stetig im Unternehmen kontrolliert werden müssen, werden in den nächsten Punkten behandelt.

3.2 Inhalte

Die Inhalte bzw. Vorgaben der IT-Compliance werden innerhalb der folgenden Abbildung in vier verschiedene Quellen aufgeteilt. Dabei existieren unternehmensinterne Regelwerke, unternehmensexterne Regelwerke, rechtliche Vorhaben sowie Verträge. Im Ergebnis bilden sie ein Grundgerüst für die Analyse von Compliance-Anforderungen.[16]

Quelle: Klotz, M. (2011), S. 4.

Abbildung 2: Inhalte IT-Compliance.

---

[14]Vgl. Klotz, M. (2011), S. 3.
[15]Vgl. ebd., S. 6.
[16]Vgl. ebd., S. 20.

Allerdings gibt es auch Regelungen die ohne gesonderte Verschriftlichung in einem Regelwerk ihre Gültigkeit finden. Dies sind z.B. die Dokumentationspflichten, sie leiten sich aus den zentralen Managementanforderungen der Transparenz und Kontrolle ab.[17]

3.2.1 unternehmensinterne Regelwerke

Die unternehmensinternen Regelwerke werden grundsätzlich vom Unternehmen selbst bestimmt. Dies können in etwa Unternehmensrichtlinien, Hausstandards, Service-Level-Agreements, Anweisungen zu bestimmten Verfahren oder andere IT bezogene Vorgaben sein. Die Unternehmen beschränken sich in ihrer Funktionsweise mit diesen internen Regelwerken. Sie können durch diese auch die eigenen Mitarbeiter verpflichten, externe Regelwerke einzuhalten.[18]

Ein Beispiel wäre die Verteilung von Verantwortung bzw. Aufgabenbereichen der IT-Mitarbeiter, insbesondere beim Support. Dies kann durch Service-Level-Agreements erfolgen. Dabei werden die bestimmten Dringlichkeitsstufen an diejenigen Mitarbeiter aufgeteilt, um so einen noch effizienteren Support zu gewährleisten. Bekannt ist diese Verfahrensweise aus dem Regelwerk IT Infrastructure Library (folgend: ITIL).[19]

3.2.2 unternehmensexterne Regelwerke

Gegenüber den unternehmensinternen Regelwerken stehen die unternehmensexterne Regelwerke. Diese sind oft von unabhängigen Organisationen oder Behörden ausgegebene Richtlinien, Normen, Standards oder Zertifikate. Zum Teil werden diese auch als Referenzmodell, Framework oder Best-Practise-Modell bezeichnet. Dazu zählen unter anderem Capability Maturity Model Integration (folgend: CMMI), ITIL und Control Objectives for Information and Related Technology (folgend CO-BIT).

Inhalt dieser Regelwerke sind unterschiedlich und betreffen auch unterschiedliche Bereiche in der IT. Neben den o.g. zählen auch nationale oder internationale Normen wie ISO 20000 oder die Normenreihe ISO 2700x.

---

[17]Vgl. ebd., S. 4.
[18]Vgl. Rehker, F. (2014), S. 8f.
[19]Vgl. Klotz, M. (2014), S. 57f.

Eines der bekanntesten Richtlinien ist die ITIL. Die Grundfassung wurde von einem IT-Dienstleister der Regierung von Großbritannien, in Kooperation mit Beratern und Experten aus der Wirtschaft, ausgegeben. Sie enthält eine Sammlung aus vordefinierten Prozessen, Funktionen und Rollen die bereits als "Best-Practices" von anderen Unternehmen oder Behörden ausgemacht sind.[20] Sie enthält dabei generelle branchenunabhängige Best-Practise-Empfehlungen, die dem Unternehmen helfen sollen kosteneffizient zu arbeiten. Die Produktivität wird durch vorgegebene Prozesse optimiert und kann durch entsprechende Zertifizierungen, mit der ITIL konformen Arbeitsweise entsprechend außenwirksam werben.[21]

COBIT als anerkanntes Framework für die IT-Governance, umfasst neben Methoden, Prinzipien, Praktiken auch Leitfäden für die Sicherstellung einer optimalen Wertschöpfung durch den Einsatz von IT. Es dient dabei als Bindeglied zwischen unternehmensweitere Steuerungs-Frameworks und den IT-spezifischen Regelwerken wie z.B. ITIL. In der aktuellen Version COBIT 5 beinhaltet es bereits andere Normen und Standards, die sich der Praxis durchgesetzt haben. Darunter die ITIL, CMMI und weitere ISO/IEC Normen und vereint damit verschiedene Regelwerke.[22]

Das Prozessreferenzmodell von COBIT stellt 37 Prozesse mit den nachfolgenden fünf Kernelementen dar:

- Evaluieren, Vorgeben und Überwachen
- Anpassen, Planen und Organisieren
- Aufbauen, Beschaffen und Implementieren
- Bereitstellen, Betreiben und Unterstützen
- Überwachen, Evaluieren und Beurteilen.

Jeder Prozess erhält noch eine Praxisbeschreibung, mit dieser die Ziele erreicht werden können.

COBIT enthält in seinem Rollenmodell 26 Rollen, die zum Teil an IT-Compliance beteiligt sind. Eine gesonderte Rolle, die sich dem Thema Compliance widmet existiert. Dies ist die Rolle des Rechtsbeauftragen, der für die Einhaltung von rechtlichen,

---

[20]Vgl. Klotz, M. (2011), S. 24f.
[21]Vgl. Rehker, F. (2014), S. 187.
[22]Vgl. Rath, M., Sponholz, R. (2014), S. 115f.

behördlichen und vertraglichen Anforderungen zuständig ist. Eine weitere Rolle, die auf Compliance-Aspekte abzielt, ist die der Audit-Funktion und die des Datenschutzbeauftragten. Es sind etwa 17 IT-bezogene Ziele ausgegeben, bei denen sich zwei auf Compliance beziehen. Durch die Einhaltung der von COBIT ausgegebenen Prozesse, können diese nach COBIT erreicht werden. Der Prozess Evaluieren, Vorgeben und Überwachen gilt als Punkt für die Sicherstellung der Compliance.

Wie bereits festgestellt, ergeht die IT-Compliance im Rahmen der IT-Governance bzw. der IT-Unternehmensführung. So beschreibt der Prozess Sicherstellen der Einrichtung und Pflege des Governance-Rahmenwerks, dass die stetig wachsenden Änderungen in den Compliance Anforderungen, durch geeignete Steuerung der IT-Governance zu berücksichtigen sind. Diese müssen dokumentiert, bewertet und in ein internes Kontrollsystem eingepflegt werden. Ein weiterer Prozess ist Managen von Geschäftsprozesskontrollen, hierbei gilt es in den Ablauf von Geschäftsprozessen Kontrollen einzubauen. Diese Kontrollen müssen dokumentiert werden und stetig angepasst werden, z.B. in Hinsicht auf Aufbewahrungsfristen.[23]

In nachfolgender Abbildung wird deutlich, dass die Grundsätze, Richtlinien und Rahmenwerke, mit in die Prozesse, Organisationsstrukturen, Kultur, Ethik, Verhalten, Information, Services, Infrastruktur, Anwendungen sowie Menschen, Fähigkeiten und Kompetenzen im Unternehmen mit einfließen.[24]

Quelle: Eigene Abbildung nach: Rath, M. und Sponholz, R. (2014), S. 118.

Abbildung 3: IT-Compliance nach COBIT 5.

---

[23]Vgl. Klotz, M. (2013), S. 723ff.
[24]Vgl. Rath, M., Sponholz, R. (2014), S. 118.

Bei Anwendung eines der unternehmensexternen Regelwerke, muss das Unternehmen sich deutlich auf die Einhaltung dieses Regelwerks beschränkt haben. Unternehmen die nicht nach gewissen externen Regelwerken arbeiten, die für die Wirtschaft zum Teil unverzichtbar sind, machen sich für Kunden unprofessionell. Beson-
ders die großen Frameworks bzw. Rahmenwerke haben ein solches Standing in der
Wirtschaft, dass sie für Unternehmen zum Teil unverzichtbar sind.[25]

3.2.3 rechtliche Vorgaben

Als weitere Quelle zählen die rechtlichen Vorgaben. Dies sind Gesetze und Rechtsverordnungen, die Rechtsprechung, Verwaltungsvorschriften sowie in Bezug genommene Regelwerke.

Als großer Teil in den rechtlichen Vorgaben zählen die Rechtsnormen. Diese können
in Form von Gesetzen oder Rechtsverordnungen erlassen werden. Regelungen für
den Einsatz von IT für Unternehmen oder der Arbeit mit IT finden sich z.B. im Bundesdatenschutzgesetz (folgend: BDSG), dem Signaturgesetz (folgend: SigG) oder
dem Telemediengesetz (folgend: TMG). Die IT muss auf die Anforderungen in den
Gesetzen eingehen und ggf. an die Erfüllung angepasst werden.

Die Rechtsprechung ist relevant für die Auslegung der Gesetzestexte. Unbestimmte
Rechtsbegriffe oder Generalklauseln werden von der Rechtsprechung ausgelegt um
auf individuelle Weise den Tatbestand beurteilen zu können.

Verwaltungsvorschriften können auch Bestandteil von IT-Compliance sein. Sie werden in der Regel von Behörden erlassen und sind individuelle Interpretationen von
Gesetzen. Sie bilden eine Selbstbindung für die Verwaltung, die sich bei der Anwendung der Gesetze an diese Vorschriften halten muss. Somit bestehen unmittelbare
Auswirkungen auch für die Unternehmen.

Des Weiteren gehören in Bezug genommene Regelwerke in die IT-Compliance.
Dazu zählen von Verwaltungen oder privatrechtlichen Institutionen ausgegebene

---

[25]Vgl. Klotz, M. (2013), S. 727f.

Richtlinien (externe Regelwerke). Diese können den gleichen Charakter wie Rechtsnormen erlangen, wenn das Unternehmen sich explizit auf diese beruft. Hierbei
käme z.B. eine Norm vom Deutschen Institut für Normung in Betracht.

3.2.4 Verträge

Im Bereich des Vertragswesens können bestimmte Anforderungen von Vertragspart-
nern an das Unternehmen gestellt werden und damit die Compliance betreffen. Für
das Unternehmen sind dabei zwei Vertragsarten zu beachten.

Zum einen, die allgemeinen Verträge, hierbei hat der Vertragsinhalt grundsätzlich
nichts mit IT zu tun. Durch IT-relevante Nebenregelungen, die festgelegt werden
können, erlangen diese Verträge für die IT-Compliance an Bedeutung. Dies können
z.B. Regelungen zu der Speicherung und Weitergabe von Adress- oder Bezahldaten
des Vertragspartners sein.

Zum anderen die Verträge die sich direkt auf IT-Leistungen beziehen und deren Vertragsinhalt direkt mit der IT in Verbindung stehen. Dies können dann allerdings auch
ganz grundsätzliche Dinge sein, wie ein Liefer- oder Fertigstellungstermin. Hierbei
gilt es insbesondere darauf zu achten, dass durch Verletzungen von Vertragsabspra-
chen, zu Schadensersatzansprüchen, Verzugszinsen oder ähnlichem führen
können.[26]

3.3 Nutzen

Die Inhalte der IT-Compliance verdeutlichen, dass ein sehr hoher Aufwand betrieben
werden muss, eine möglichst hohe Konformität an IT zu erreichen. Es darf aber nicht
außer Acht gelassen werden, dass für das Unternehmen ein hoher Nutzen daraus
resultieren kann. Die selbstverständliche Pflicht gesetzliche Vorschriften erfüllen zu
müssen ist ein Aspekt, jedoch können sich auch wirtschaftliche Nachteile in Form
von Strafen oder Bußgeldern bei Rechtsverletzungen ergeben.

In der nachfolgenden Abbildung entsteht ein Überblick über Nutzen durch IT-Compliance:[27]

---

[26]Vgl. Klotz, M. (2011), S. 21ff.
[27]Vgl. Klotz, M. (2009), S. 17.

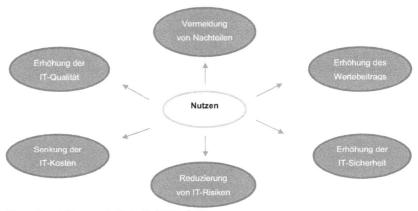

Eigene Darstellung nach: Klotz. M. (2009), S.17.

Abbildung 4: Nutzen von IT-Compliance.

Als weiterer Nutzen kann durch die Einführung eines Software-Asset-Management entstehen. Da automatisierte Passwort- und Zugriffsberechtigungen eingerichtet werden sollten, muss auch eine Verwaltung von Lizenzen von (Enterprise-Resource-Planning(folgend: ERP)-Systemen und anderen Diensten erfolgen. Durch die konkrete Überwachung kann Nutzungsentgelt an die Betreiberfirmen gespart werden. Nach einer Studie können mit einem effizienten Lizenz-Management im Schnitt bis zu 60 Prozent gespart werden.[28]

3.4 Schaden

Neben dem Nutzen, der auch nur indirekt durch die IT-Compliance entstehen kann, werden auch Schäden von Non-Compliance vermieden. Nicht zu unterschätzen sind die Bußgelder oder Schadensersatzansprüche nach Verletzung von vertraglichen oder rechtlichen Vorgaben. Diese können gerade für Unternehmen im Mittelstand existenzbedrohlich sein.

Aus dem Wortlaut des Gesetz über Ordnungswidrigkeiten (folgend: OWiG), lässt sich entnehmen, dass nach § 130 OWiG die Führungsverantwortlichen die Verletzung von Unternehmenspflichten zu überwachen haben. Sollten die Führungskräfte

---

[28]Vgl. Rath, M. (2007).

oder die nach § 9 OWiG dazu delegierten Mitarbeiter ihrer Pflicht nicht nachkommen, so kann ein Bußgeld auch gegen sie ergehen. Nach § 30 OWiG können nicht nur die Mitarbeiter, sondern auch das Unternehmen selbst sanktioniert werden. Zu beachten ist, dass ein Geschäftsführer oder dessen Delegierter mit einem persönlichen Bußgeld in Höhe von bis zu 1 Mio. € bestraft werden kann.[29]

Bei einem nichtfunktionierenden Compliance-Management und Verstößen gegen die Compliance-Inhalte können auch andere Aspekte betroffen sein. Bei einer größeren Gerichtsverhandlung oder einer Veröffentlichung, die an der Professionalität des Unternehmens zweifeln lässt, kann neben Kunden- und Vertrauensverlust auch ein Imageschaden oder sinkende Attraktivität am Kapitalmarkt die Folge sein.[30]

In vielen Fällen stellt sich die Frage, für Mitarbeiter und Unternehmen, wer haftbar gemacht werden kann, wenn vorsätzlich oder fahrlässig Compliance Aspekte außer Acht gelassen werden. Der Gesetzgeber fordert für daher ein funktionierendes Risikomanagement.

In Aktiengesellschaften haftet der Vorstand nach § 91 Abs. 2 und § 93 Abs. 2 Aktiengesetz (folgend: AktG) persönlich, wenn er durch unzureichendes Risikomanagement Risiken nicht erkennt und nicht geeignet entgegensteuert. Geschäftsführer einer GmbH haben nach § 43 Abs. 1 Gesetz betreffend die Gesellschaften mit beschränkter Haftung (folgend: GmbHG) die Sorgfaltspflicht eines ordentlichen Geschäftsmannes auferlegt bekommen. Das Handelsgesetzbuch verweist in § 317 Abs. 4 Handelsgesetzbuch (folgend: HGB) ebenfalls auf die Pflichten des Vorstands aus dem AktG. Des Weiteren verpflichtet § 317 Abs. 2 HGB Wirtschaftsprüfer zu prüfen ob das Unternehmen die Risiken der künftigen Entwicklungen zutreffend dargestellt hat.[31]

4 Möglichkeiten

Gerade die Vergangenheit, die Ausstrahlungskraft der Presse und die hohen Strafen bei Verstößen zeigen, dass die Einrichtung einer IT-Compliance nicht nur gesetzlich vorgeschrieben, sondern auch finanziell einen Mehrwert bedeuten kann.

---

[29]Vgl. Preusche, R. u.a. (2016), S. 24.
[30]Vgl. Saitz, B. u.a. (2014), S. 212 RN 1-2.
[31]Vgl. Grünendahl, R. u.a. (2009), S.1.

Dass IT heutzutage nicht nur wirtschaftliche Vorteile bringen kann, sondern überle-bensnotwendig geworden ist, wissen auch Unternehmen im Mittelstand. Allerdings verfügen gerade diese Unternehmen nicht über ausreichend finanzielle Ressourcen, wie vergleichbare große Unternehmen.

Um den stetig wachsenden Anforderungen gerecht zu werden ist eine regelmäßige Schulung von ausgewählten, geeigneten Mitarbeitern erforderlich. Da sich die Un-ternehmensführung aber auch haftungsrechtlich nicht der Verantwortung entziehen kann, wäre ein Kontrollsystem bzw. eine interne Revision durchaus wichtig um Feh-ler oder Lücken zu erkennen. Eine interne Revision im IT-Bereich, ist für mittelstän-dige Unternehmen vermutlich umsetzbar, da dort die finanziellen Ressourcen be-grenzt sind. Dieses Wissen kann allerdings auch durch Berater übermittelt oder ein Kontrollsystem eingeführt werden.

Nach Analyse der Literatur und von Befragungen, kristallisierten sich noch zwei kon-kretere Methoden heraus, die in den nächsten beiden Punkten beschrieben wer-den.[32]

4.1 Outsourcing

Mit Outsourcing ist die langfristige oder endgültige Vergabe von selbst erbrachten Leistungen, an einen externen Anbieter gemeint. Dabei kann nicht nur von fremden „Know-how", besserer Qualität und Effizienz profitiert werden, sondern auch von günstigeren Kostenstrukturen z.B. im Ausland (Offshore-Outsourcing).

Trotz der immensen Vorteile die durch das Ausgliedern einer bestimmten Aufgabe oder eines bestimmten Aufgabenbereichs entstehen können, bestehen beim Out-sourcing Risiken für das abgebende Unternehmen.[33]

Die Firma Dambach-Werke GmbH in Gaggenau, ein mittelständiges Unternehmen im Bereich Verkehrstechnik, erzielte im Geschäftsjahr 2006 einen Umsatz von 87 Mio. € und beschäftigt 600 Mitarbeiter. In der IT-Administration befinden sich etwa 600 Computer bzw. Laptops und 200 Drucker. Unter 550 Computernutzern sind etwa 155 ERP-System-Nutzer. Als interne IT-Strategie haben sie besonderen Wert auf

[32]Vgl. Schäfer u.a. (2008), S. 74 ff.
[33]Vgl. Rath, M., Sponholz, R. (2014), S. 245ff.

14

die IT-Compliance und ein hoher Fokus auf IT-Risikomanagement gesetzt. Als mittelständiges Unternehmen beschäftigten sie vor dem Outsourcing elf IT-Mitarbeiter, welche sie durch das Outsourcing auf sechs reduzieren konnten. Darunter befinden sich zwei ERP-Betreuer, zwei Techniker, ein Entwickler sowie ein IT-Leiter. In Form eines Service-Level-Agreements wurde ein IT-Servicevertrag abgeschlossen. Darin wurden u.a. die Bestimmungen und Inhalte der IT-Compliance abgedeckt sowie Support und Bereitstellung von IT- und Peripheriegeräten.[34]

4.2 Framework

Durch Nutzung eines der vielen Frameworks, die bereits gewisse Automatismen und Prozesse beinhalten, die auf Compliance abgestimmt sind, kann ein Aufwand von Aufbau und Anpassung von IT(-Prozessen) geringgehalten werden. Es ist zu erwarten das viele Unternehmen ohne die Nutzung von Frameworks, z.B. COBIT 5 ihre IT-Abläufe gar nicht auf einem ständig hohen Niveau halten könnten. Durch die ständigen Innovationen, Neuerungen und auch Verbesserungen im IT Bereich muss ein hoher Aufwand betrieben werden um im Wettbewerb mithalten zu können. Somit können durch Best-Practise-Sammlungen nicht nur die Inhalte von IT-Compliance eingehalten werden, sondern auch die Abläufe weiterhin mit hoher Qualität betrieben werden.

5 Fazit

Um Die Seminararbeit abzurunden, wird ein Fazit erstellt. Hierbei wird auf die Problematik und die damit einhergehende Zielerreichung eingegangen, sowie die Perspektiven der Thematik aufgezeigt.

5.1 Zielerreichung

Als Ergebnis wurden zwei Möglichkeiten für Unternehmen entwickelt um mit geringen Mitteln geeignete Maßnahmen für die IT-Compliance zu ergreifen.

Durch die Nutzung von Frameworks steht dem Unternehmen, unabhängig von Größe, eine Unterstützung zur Verfügung, wie IT-Abläufe sowie ein geeignetes IT-

---

[34]Vgl. Schäfer, G. u.a. (2008), S. 74ff.

Compliance-System einzuführen und zu betreuen sind. Durch die vorgefertigten Prozesse und exakten Beschreibungen, ist eine Implementierung mit der Hilfe von COBIT 5 empfehlenswert. Nicht nur beinhaltet es weitere Standards oder Normen, z.B. die Verfahrensempfehlung ITIL, die die Qualität der IT steigern, sondern auch die Compliance erhält hier seine Beachtung. Andere Frameworks beinhalten lediglich ihre eigenen Inhalte bzw. sind nicht so umfangreich und sind daher nicht empfehlenswert. Insgesamt betrachtet kann also nicht nur eine IT-Compliance sichergestellt werden, sondern auch eine Steigerung der Qualität. Durch Zertifizierungen, die nach Standards wie z.B. der ITIL möglich sind, erhält das Unternehmen auch eine Aufwertung ihres Images. Es darf jedoch auch nicht außer Acht gelassen werden, dass die Umsetzung eines solchen Frameworks wie COBIT 5 mit hohem Aufwand verbunden ist. Andere Rahmenwerke sind deutlich kleiner und mit weniger Investitionen verbunden. Dies ist für Unternehmen aus dem Mittelstand aber individuell zu entscheiden. Für ein Unternehmen aus dem Mittelstand, vergleichbar mit Dambach-Werke, ist selbst mit elf Mitarbeitern knapp neben dem normalen IT-Betrieb ein Compliance-System zu implementieren.

Outsourcing ist je nach Unternehmen und der Risikoeinstellung zu betrachten. Die Risiken und auch Barrieren die vom Gesetzgeber für Outsourcing implementiert wurden, machen das Outsourcing komplex. Im Falle der Dambach-Werke ist das Outsourcing zumindest objektiv betrachtet ein voller Erfolg. Sie konnten nicht nur weitere Kosten sparen, sondern auch im gleichen Zug Prozesse sowie Einkauf und Support optimieren und damit auch Kosten reduzieren. Durch die vertragliche Vergabe, wurden IT-Compliance Aspekte auch abgegeben.

Als Nebeneffekt ist für die Leser dieser Arbeit, das Bewusstsein für IT-Compliance gestiegen.

5.2 Perspektiven

Nach einer Studie der Unternehmensberatung Kienbaum, ist ein steigender Trend bei Unternehmen im Bereich der Ethik & Compliance zu verzeichnen. So haben 2008 die befragten mittelständischen und großen Unternehmen im arithmetischen Mittel ein Jahresbudget von 33.530,00 € für das generelle Compliance-Management veranschlagt. Im Jahr 2011 wurde die Umfrage wiederholt und bereits nach drei Jahren wurde das Budget dabei um knapp 40.000,00 €, auf 73.180,00 € erhöht. [35] Davon auszugehen ist auch, dass im Zeitalter der IT-Innovationen von Internet bzw. Industrie 4.0 und Big Data, der Zuwachs des Budgets vor allem im IT-Bereich anzusiedeln ist.

Es wird spannend was in der Zukunft in diesem Bereich der Unternehmensführung noch passiert. Denkbar wäre auch, dass sich Unternehmen noch konkreter auf IT-Compliance spezialisieren um Beratungs- oder auch Dienstleistungsaufgaben in diesem Bereich anzubieten. Das Outsourcing wäre in einem Unternehmen mit sicherem Konzept und stetiger Weiterentwicklung eine große Entlastung für die Unternehmen gleich welcher Größe.

Eine steigende Empfindlichkeit der Öffentlichkeit und des Gesetzgebers ist zu spüren. Daher wird die Pflicht für Unternehmen gleich welcher Größe weiterhin sein, die IT-Compliance einzuhalten und zu kontrollieren. Strafzahlungen und Bußgelder werden bei noch größerem Fokus auf die IT-Compliance in den nächsten Jahren vermutlich steigen, um Datendiebstahl oder ähnliches auf lange Sicht zu vermeiden und die Unternehmen sensibler für dieses Thema zu machen.

---

[35]Vgl. Kienbaum Beratungen GmbH (2011), S. 13.

Literaturverzeichnis

- Bergmann, R. (2013): IT-Governance in: Tiemeyer, E. (Hrsg): Handbuch IT Management, Konzepte, Methoden, Lösungen und Arbeitshilfen für die Praxis, 5. Auflage, München 2013, S. 611-664.
- Falk, M. (2012): IT-Compliance in der Corporate Governance, Anforderungen und Umsetzung, Diss., Wiesbaden 2012.
- Grünendahl, R., Steinbacher, A. und Will, P. (2009): Das IT-Gesetz: Compliance in der IT-Sicherheit, Leitfaden für ein Regelwerk zur IT-Sicherheit im Unternehmen, 2. Auflage, Wiesbaden 2009.
- Hauschka, C., Moosmayer, K. und Lösler, T. (2016): Corporate Compliance, Handbuch der Haftungsvermeidung im Unternehmen, 3. Auflage, München 2016.
- Hildebrand, K. und Meinhardt, S. (2008): Compliance & Risk Management, Heidelberg 2008.
- Kienbaum Beratungen GmbH (2011): Kienbaum-Studie zu Ethik & Compliance 2011 Wien.
- Klotz, M. (2009): IT-Compliance, Ein Überblick, Heidelberg 2009.
- Klotz, M. (2011): Regelwerke der IT-Compliance – Klassifikation und Übersicht, Teil 1: Rechtliche Regelwerke, Stralsund 2011.
- Klotz, M. (2013): IT-Compliance in: Tiemeyer, E. (Hrsg.): Handbuch IT Management, Konzepte, Methoden, Lösungen und Arbeitshilfen für die Praxis, 5. Auflage, München 2013, S. 707 – 764.
- Klotz, M. (2014): IT-Compliance, Begrifflichkeit und Grundlagen, Stralsund 2014.
- Preusche, R. und Würz, K. (2016): Compliance, 2. Auflage, Freiburg 2016.
- Rath, M. und Sponholz, R. (2014): IT-Compliance, Erfolgreiches Management regulatorischer Anforderungen, 2. Auflage, Berlin 2014.
- Rehker, F. (2014): Die Haftung der Unternehmensleitung in der Aktiengesellschaft bei Verletzung von IT-Compliance-Anforderungen, Diss., Edewecht 2014.
- Satz, B., Tempel, T. und Brühl, K. (2014): Compliance in mittelständigen Unternehmen – Theoretische Anforderungen und pragmatische Ansätze zur Umsetzung in: Wieland, J., Steinmeyer, R. und Grüninger, S. (Hrsg.): Handbuch Compliance-Management, Konzeptionelle Grundlagen, praktische Erfolgsfaktoren, globale Herausforderungen, 2. Aufl., Berlin 2014, S. 211 – 238, Rn. 1-27.

- Schäfer, G., Strolz, G. und Hertweck, D. (2008): IT-Compliance im Mittelstand in: Hildebrand, K. und Meinhardt, S. (Hrsg): Compliance & Risk Management, Heidelberg 2008, S. 69 – 77.
- Wieland, J., Steinmeyer, R. und Grüninger, S. (2014): Handbuch Compliance-Management, Konzeptionelle Grundlagen, praktische Erfolgsfaktoren, globale Herausforderungen, 2. Aufl., Berlin 2014.

Internetquellenverzeichnis

- Rath, M.: Law and Order: Was ist IT-Compliance? (2007): „http://www.computer-woche.de/a/law-and-order-was-ist-it-compliance,590497", aufgerufen am: 07.10.2016.
- Schepp, B.: IT Prozesse automatisieren, Mehr Effizienz im IT-Betrieb (2013): „http://www.computerwoche.de/a/mehr-effizienz-im-it-betrieb,2535728", aufgerufen am: 05.10.2016.

Verzeichnis sonstiger Quellen

- AktG (2016): Aktiengesetz vom 6. September 1965 (BGBl. I S. 1089), zuletzt geändert am: 10. Mai 2016. In: BGBl. I S. 1142.
- BDSG (2015): Bundesdatenschutzgesetz in der Fassung der Bekanntmachung vom 14. Januar 2003 (BGBl. I S. 66), in der Fassung vom 25. Februar 2015. In: BGBl. I S. 162.
- GmbHG (2016): Gesetz betreffend die Gesellschaften mit beschränkter Haftung in der im Bundesgesetzblatt Teil III, Gliederungsnummer 4123-1, veröffentlichten bereinigten Fassung, zuletzt geändert am 10. Mai 2016. In: BGBl. I S. 1142.
- HGB (2016): Handelsgesetzbuch in der im Bundesgesetzblatt Teil III, Gliederungsnummer 4100-1, veröffentlichten bereinigten Fassung, zuletzt geändert am: 5. Juli 2016. In: BGBl. I S. 1578.
- OWiG (2016): Gesetz über Ordnungswidrigkeiten in der Fassung der Bekanntmachung vom 19. Februar 1987 (BGBl. I S. 602), mit allen späteren Änderungen in der Fassung vom 21. Oktober 2016. In: BGBl. I S. 2372.

BEI GRIN MACHT SICH IHR
WISSEN BEZAHLT

- Wir veröffentlichen Ihre Hausarbeit,
  Bachelor- und Masterarbeit

- Ihr eigenes eBook und Buch -
  weltweit in allen wichtigen Shops

- Verdienen Sie an jedem Verkauf

Jetzt bei www.GRIN.com hochladen
und kostenlos publizieren